Impressum
Verlag: BABADADA GmbH, Nedderfeld 112 , 22529 Hamburg
Geschäftsführer / Verlagsleitung: Harald Hof
Druck: Books on Demand GmbH, In de Tarpen 42, 22848 Norderstedt

Imprint
Publisher: BABADADA GmbH, Nedderfeld 112 , 22529 Hamburg, Germany
Managing Director / Publishing direction: Harald Hof
Print: Books on Demand GmbH, In de Tarpen 42, 22848 Norderstedt

koulu

قوتابخانە

luokkahuone
پۆل
jakaa
دابەشکردن
186/2
taulu
تەختە
koulunpiha
opettaja
مامۆستا
paperi
کاغەز
kirjoittaa
نووسین
kynä
پێنووس
kirjoituspöytä
مێزی نووسین
viivoitin
خەتکێش
kirja
کتێب
oppilas
خوێندکار

reppu

چەواڵ

penaali

جانتای پێنووس

lyijykynä

پێنووس

kynänteroitin

تیژکەرەوەی پێنووس

pyyhekumi

ڕەشکەرەوە

piirustuslehtiö

پەدی نیگارکێشان

piirustus

نیگارکێشان

pensseli

فڵچەی ڕەنگ

vesivärit

قوتووی ڕەنگ

sakset

مەقەست

liima

چەسپ، کەتیرە

harjoituskirja

کتێبی ڕاهێنان

kotitehtävä

کاری ماڵەوە

luku

ژمارە

lisätä

زیدەکردن

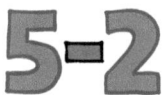

vähentää

کەمکردن

kertoa

لێکدان

laskea

حسابکردن، ژماردن

kirjain

پیت

aakkoset

ئەلفوبێ

sana

وشە

teksti

نووسراوه، دەق

lukea

خوێندنەوه

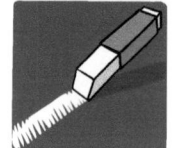

liitu

گەچ

oppitunti

خول، دەرس

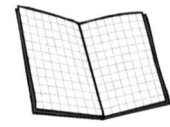

opettajan muistikirja

تۆمارکردن

koe

ئەزموون، تاقیکردنەوه

todistus

بڕوانامه

koulupuku

جلی قوتابخانه

koulutus

پەروەردە

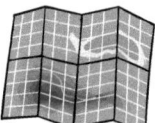

sanakirja

زانیاری نامه

yliopisto

زانکۆ

mikroskooppi

میکرۆسکۆپ

kartta

خەریتە، نەخشه

roskakori

سەبەتەی کاغەز

matka

hotelli
میوانخانە، هۆتێل
Grand
retkeilymaja
میوانخانە
ROOMS
rahanvaihto
نووسینگەی گۆڕینەوەی دراو
EXCHANGE
matkalaukku
جانتا، ساک
auto
ئۆتۆمۆبیل

kieli
زمان

kyllä / ei
بەڵێ / نەخێر

selvä
باشە

hei
سڵاو

tulkki
وەرگێڕی دەق

kiitos
سپاس

Paljonko...maksaa?

....

بەچەندە ...؟

en ymmärrä

....

من تێناگەم

ongelma

....

کێشە

Hyvää iltaa!

....

ئێوارە باش!

Hyvää huomenta!

....

بەیانی باش!

Hyvää yötä!

....

شەو باش!

näkemiin

....

ماڵئاوا، بەخێرچی

suunta

....

ئاراستە، ڕێڕەو

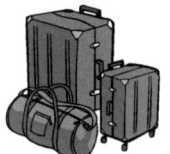

matkatavarat

....

جانتا

laukku

....

جانتا

reppu

....

کۆڵەپشتی

vieras

....

میوان

huone

....

ژوور، دیو

makuupussi

....

کیسەخەو

teltta

....

چادر، دەوار

turisti-info

زانیاری بۆ گەشتیار

ranta

کەناراو

luottokortti

کارتی قەرز

aamupala

نانی بەیانی

lounas

نانی نیوەڕۆ

päivällinen

نانی شەو

matkalippu

بلیت

hissi

ئاسانسۆر

postimerkki

پوول، تەمر

raja

سنوور

tulli

گومرک

suurlähetystö

باڵوێزخانە

viisumi

ڤیزا

passi

پاسپۆرت

kuljetus

گواستنەوە

lentokone
laiva
کەشتی
paloauto
مەکینەی ئاگرکوژێنەوە
linja-auto
پاس
kuorma-auto
لۆری
moottorivene
بەلەمی ماتۆڕی
polkupyörä
دووچەرخە، پایسکڵ
auto
ئۆتۆمۆبیل

lautta
....
کەشتی گواستنەوە

vene
....
بەلەمی ماتۆڕی

moottoripyörä
....
ماتۆڕ

poliisiauto
....
ئوتومبێلی پۆلیس

kilpa-auto
....
ئوتومبێلی پێشبڕکێ

vuokra-auto
....
ئۆتۆمۆبیلی کرێ

car sharing

....

ئۆتۆمۆبیل هاوبەشکردن

hinausauto

....

لۆری ڕاکێشکردن

roska-auto

....

لۆری زبڵ

moottori

....

ماتۆڕ

polttoaine

....

سووتەمەنی

huoltoasema

....

وێستگەی بەنزین

liikennemerkki

....

تابڵۆی هاتووچۆ

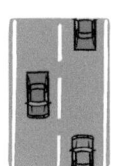

liikenne

....

هاتووچۆ

ruuhka

....

ترافیک

parkkipaikka

....

شوێنی ڕاگرتنی ئۆتۆمۆبیل

rautatieasema

....

وێستگەی شەمەندەفەر

raiteet

....

هێڵی ئاسن

juna

....

شەمەندەفەر

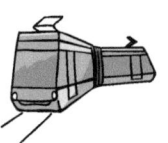

raitiovaunu

....

قەتاری سەرشەقام

vaunu

....

داشقە

helikopteri

هەلیکۆپتەر

lentokenttä

فڕۆکەخانە

lähilennonjohto

بورج

matkustaja

نەفەر

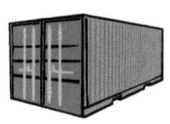

kontti

دەفر، کانتینەر

pahvilaatikko

کارتۆن

kärryt

داشقە

kori

سەوەتە

nousta / laskea

هەڵفڕین / نیشتن

kaupunki

شار

kylä

گوند، دێهات

keskusta

ناوەندی شار

talo

ماڵ، خانوو

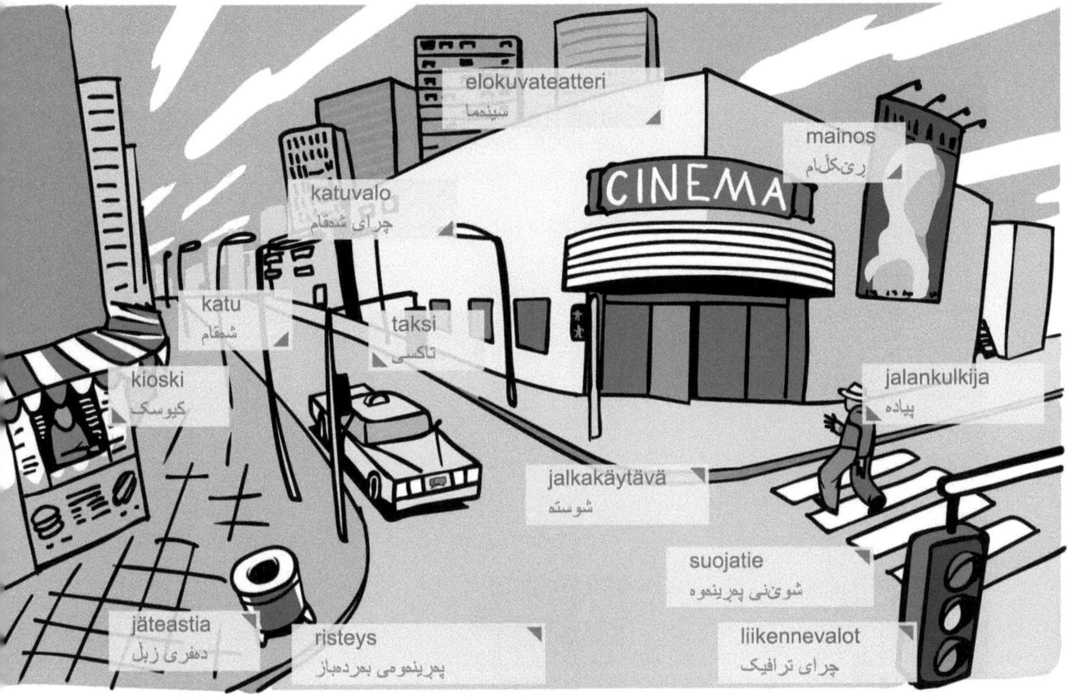

elokuvateatteri
سینەما
mainos
ڕیکلام
CINEMA
katuvalo
چرای شەقام
katu
شەقام
taksi
تاکسی
kioski
کیوسک
jalankulkija
پیادە
jalkakäytävä
شوستە
suojatie
شوێنی پەڕینەوە
jäteastia
دەفری زبڵ
risteys
پەڕینەوەی بەردەباز
liikennevalot
چرای ترافیک

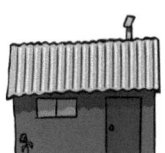

mökki

خانووچکە

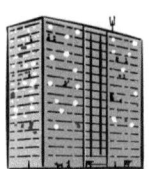

kerrostalo

نهۆم، باڵەخانە

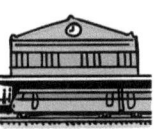

rautatieasema

وێستگەی شەمەندەفەر

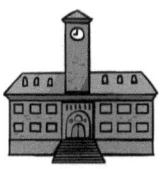

kaupungintalo

کۆشکی شارەوانی

MUSEUM

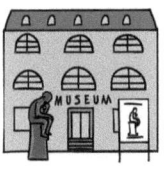

museo

مۆزەخانە

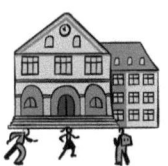

koulu

قوتابخانە

yliopisto

زانکۆ

pankki

بانک

sairaala

نەخۆشخانە، خەستەخانە

hotelli

میوانخانە، هۆتێل

apteekki

دەرمانخانە

toimisto

نووسینگە، فەرمانگە

kirjakauppa

کتێبفرۆشی

liike

دووکان

kukkakauppa

گوڵفرۆشی

supermarketti

سوپەرمارکێت

tori

بازار

tavaratalo

فرۆشگا

kalakauppias

ماسیفرۆش

ostoskeskus

ناوەندی کڕین

satama

بەندەر

puisto

پارک

penkki

کورسی درێژ

silta

پرد

portaat

پێ پیلکان

metro

ژێرزەوی

tunneli

تونێل

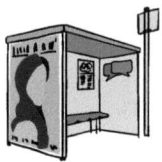

linja-autopysäkki

وێستگەی پاس

baari

مەیخانە

ravintola

ڕێستۆرانت

postilaatikko

سندووقی پۆست

katukyltti

تابڵۆی شەقام

parkkimittari

پێوەری پارکینگ

eläintarha

باخچەی ئاژەڵان

uimala

حەوزی مەلە

moskeija

مزگەوت

maatila

مەزرا

ympäristön saastuminen

پیسبوونی ژینگە

hautausmaa

قەبرستان، گۆرستان

kirkko

کەنیسە

leikkikenttä

شوێنی یاری

temppeli

پەرستگا

maisema

دیمەن

lehti
گەڵا

tienviitta
تابلۆی ڕێ نیشاندەر

tie
ڕێگا

niitty
مێرگ

kivi
بەرد

puu
دار

retkeilijä
شاخەوان

joki
ڕووبار، چەم

ruoho
گژوگیا

kukka
گوڵ

laakso

دۆڵ، شیو

vuori

بەرزایی

järvi

دەریاچە

metsä

دارستان

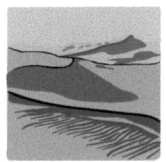

aavikko

چۆڵەوار

tulivuori

بورکان

linna

قەڵا

sateenkaari

کۆلکەزێڕینە

sieni

کارگ

palmu

دارخورما

hyttynen

مێشوولە

kärpänen

مێشوولە

muurahainen

مێڕوولە

mehiläinen

مێش هەنگوین

hämähäkki

جاڵجاڵوکە

kovakuoriainen

قالۆنچە

sammakko

بۆق

orava

سمۆرە

siili

ژیشک

jänis

کەروێشکە کێوی

pöllö

کوند

lintu

باڵندە

joutsen

قازی سپی

villisika

بەرازی کێوی

peura

ئاسک

hirvi

بزنە کێوی

pato

بەنداو

tuulimylly

تۆربینی با

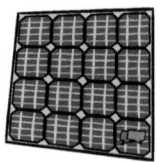

aurinkopaneeli

پەڕەی خۆری

ilmasto

ئاووهەوا

ravintola
ڕێستۆرانت

tarjoilija
خزمەتکار
ruokalista
لیستە، پێڕست
tuoli
کورسی
keitto
سووپ، شۆرباو
pitsa
پیتزا
ruokailuvälineet
چەقۆ و چەتاڵ
pöytäliina
سفرە

alkuruoka
خواردنی دەستپێک

pääruoka
خواردنی سەرەکی

jälkiruoka
دێسێر

juomat
خواردنەوە

ruoka
خواردن

pullo
بوتڵ

pikaruoka

خواردنی خێرا

katuruoka

خواردنی سەرشەقام

teekannu

قۆری

sokeriastia

قوتووی شەکر

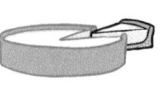

annos

بەش

espressokeitin

ئامێری سازکردنی قاوەی ئێسپرەسۆ

syöttötuoli

کورسی بەرز

lasku

تێچوو

tarjotin

کەشەف

veitsi

چەقۆ

haarukka

چنگاڵ

lusikka

کەوچک

teelusikka

کەوچکی چا

servietti

دەسماڵ

lasi

لیوان، پەرداخ

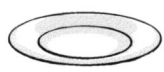

lautanen

....

قاپ، دەوری، دەفر

syvä lautanen

....

قاپی شۆرباو

aluslautanen

....

ژێرپیاڵە

kastike

....

سۆس

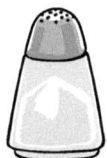

suolasirotin

....

خوێدان

pippurimylly

....

هاڕەری بیبار

etikka

....

سرکە

öljy

....

ڕۆن

mausteet

....

بەهارات

ketsuppi

....

دۆشاوی تەمات، سۆسی تەماتە

sinappi

....

سۆسی موستارد

majoneesi

....

سۆسی مایۆنێز

supermarketti

سوپەرمارکێت

tarjous
داشکاندنی تایبەتی
FOR
asiakas
مشتەری
maitotuotteet
شیرەمەنی
hedelmät
میوە
ostoskärryt
داشقە

teurastamo

دووکانی قەسابی

leipomo

نانەواخانە

punnita

کێشان

kasvikset

سەوزی

liha

گۆشت

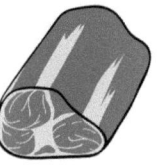

pakasteet

خواردنی بەستوو

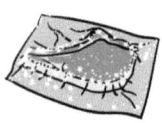

leikkele

گۆشتی سارد

säilykkeet

خواردنی کۆنسێرو

pesujauhe

دەرمانی بشۆر

makeiset

شیرینی

kotitaloustarvikkeet

بەرهەمی خۆماڵی

puhdistusaineet

بەرهەمی خاوێنکردنەوە

myyjä

فرۆشیار

kassa

ژمێرەر

kassanhoitaja

ژمێریار، خەزەندار

ostoslista

لیستی کڕین

aukioloajat

کاتی دەوام

lompakko

کیسەباخەڵ، جزدان

luottokortti

کارتی قەرز

kassi

توورەکە، کیسە

muovipussi

توورەکە

juomat

خواردنەوە

vesi

ئاو

mehu

شەربەت

maito

شیر

kokis

خەڵووز

viini

شەراب

olut

بیرە

alkoholi

ئەڵکۆڵ

kaakao

کاکاو

tee

چایی، چا

kahvi

قاوە

espresso

قاوەی ئێسپرەسۆ

cappuccino

کاپۆچینۆ

banaani

مۆز

omena

سێو

appelsiini

پرتەقاڵ

meloni

کاڵەک

sitruuna

لیمۆ

porkkana

گێزەر

valkosipuli

سیر

bambu

حەیزەران

sipuli

پیاز

sieni

کارگ

pähkinät

سەموونە، گوێز، ناوکە

spagetti

نوودڵ

spagetti

ماکارۆنی

riisi

برینج

salaatti

زەلاتە

ranskalaiset

چیپس

paistetut perunat

پەتاتەی برژاو، پەتاتەی سوورۆکراو

pitsa

پیتزا

hampurilainen

هەمبرگەر

voileipä

ساندویچ، دۆندرمە

leike

پارچە گۆشت

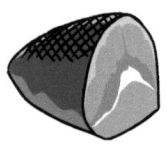

kinkku

گۆشتی بەراز

salami

گۆشتی بەراز

makkara

سۆسیس

kana

مریشک

paisti

برژاندن، نرژان

kala

ماسی

kaurahiutaleet

شۆرباوی ساوار

mysli

دانەوێڵەی تێکەڵ

murot

دانەی دانەوێڵە

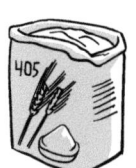

jauho

ئارد

voisarvi

کرۆسانت، نانێکی فەرەنسی

sämpylä

نانی خڕ

leipä

نان

paahtoleipä

نانی برژاو

keksit

بسکیت

voi

کەرە، ڕۆنی کەرە

rahka

سەرتوێژ، توێژ

kakku

کەیک

kananmuna

هێلکە

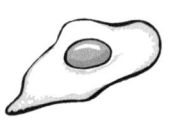

paistettu kananmuna

هێڵکەی برژاو

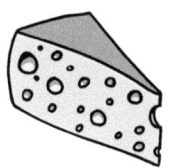

juusto

پەنیر

jäätelö

بەستەنی، دۆندرمە

sokeri

شەکر

hunaja

هەنگوین

hillo

مرەبا

suklaapähkinälevite

خامەی نۆگات

curry

بەهارات

maatila
كۆخ (مال لە مەزرا)

heinäpaali
كڵۆشى كا

pelto
مەزرا

lato; liiteri
تەویلە

hevonen
ئەسپ

peräkärry
مالّى سەفەرى

traktori
تراکتۆر

varsa
جوانوو

aasi
كەر، گوێدرێژ

karitsa
بەرخ

lammas
مەڕ

vuohi

بزن

lehmä

مانگا

vasikka

گوێلک

sika

بەراز

porsas

فەرخە بەراز

sonni

جوانەگا

hanhi

قاز

ankka

مراوی

tipu

جووچک

kana

مریشک

kukko

کەڵەشێر

rotta

جرج

kissa

پشیلە

hiiri

مشک

härkä

گا

koira

سە، سەگ

koirankoppi

کونە سە

puutarhaletku

سۆندە

kastelukannu

تونگەی ئاودان

viikate

ماڵەغان

aura

گاسن

sirppi

داس

kuokka

مەڕە

talikko

شەنە

kirves

تەور

kottikärryt

عارەبانەی دەستیی

kaukalo

دەفری خواردنی ئاژەڵان

maitokannu

دەفری شیر

säkki

تەلیس

aita

پەرژین

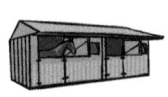

talli

تەویلە

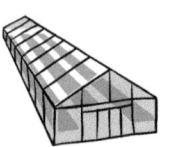

kasvihuone

گوڵخانە

maa

خۆڵ

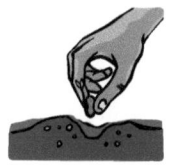

siemen

دەنک، نۆک

lannoite

پەین

leikkuupuimuri

کۆمباین

kerätä sato

....

درووێنەکردن

sato

....

خەرمان

jamssit

....

پەتاتە

vehnä

....

گەنم

soija

....

لووبیا، فاسۆلیا

peruna

....

پەتاتە

maissi

....

گەنمەشامی

rypsi

....

جۆرێک دەغڵودان

hedelmäpuu

....

داری بەری

maniokki

....

سێوبنەعەرزیلە

vilja

....

دانەوێلەی تێکەڵ

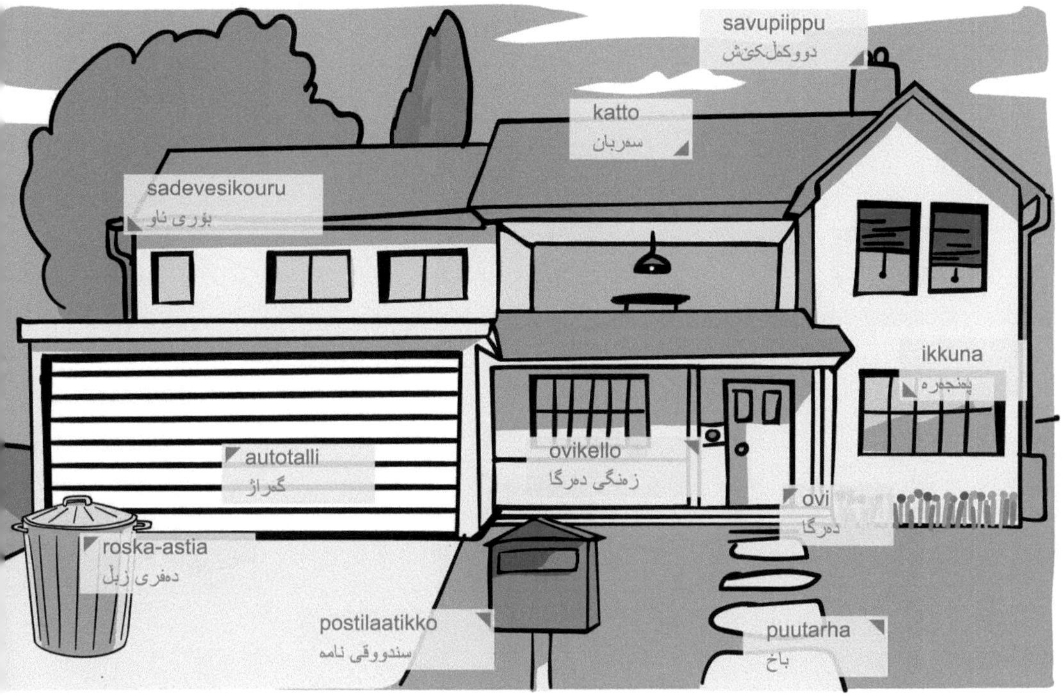

savupiippu
دووکەڵکێش

katto
سەربان

sadevesikouru
بۆری ئاو

ikkuna
پەنجەرە

autotalli
گەراژ

ovikello
زەنگی دەرگا

ovi
دەرگا

roska-astia
دەفری زبڵ

postilaatikko
سندووقی نامە

puutarha
باخ

olohuone

ژووری دانیشتن

kylpyhuone

حەمام، ئاودەستخانە

keittiö

چێشتخانە

makuuhuone

ژووی خەو

lastenhuone

ژووری منداڵ

ruokahuone

ژووری نانخوارن

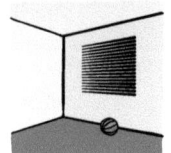

lattia

داڵان، نەرز

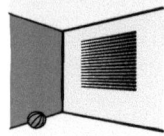

seinä

دیوار

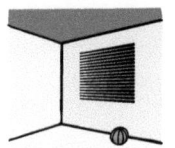

katto

بن میچ

kellari

ژێرزەمین

sauna

ساونا

parveke

باڵکۆن، هەیوان

terassi

هەیوان

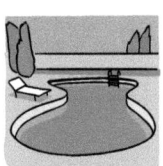

uima-allas

حەوز، مەلەوانگە

ruohonleikkuri

گژوگیابڕ

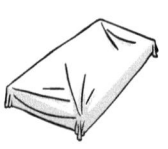

lakana

مەلافە

päiväpeitto

مەلافەی نوێن

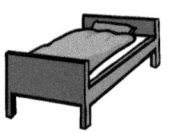

sänky

پێخەف، نوێن

harja

گسک

ämpäri

سەتڵ

katkaisin

سویچ، کلیل

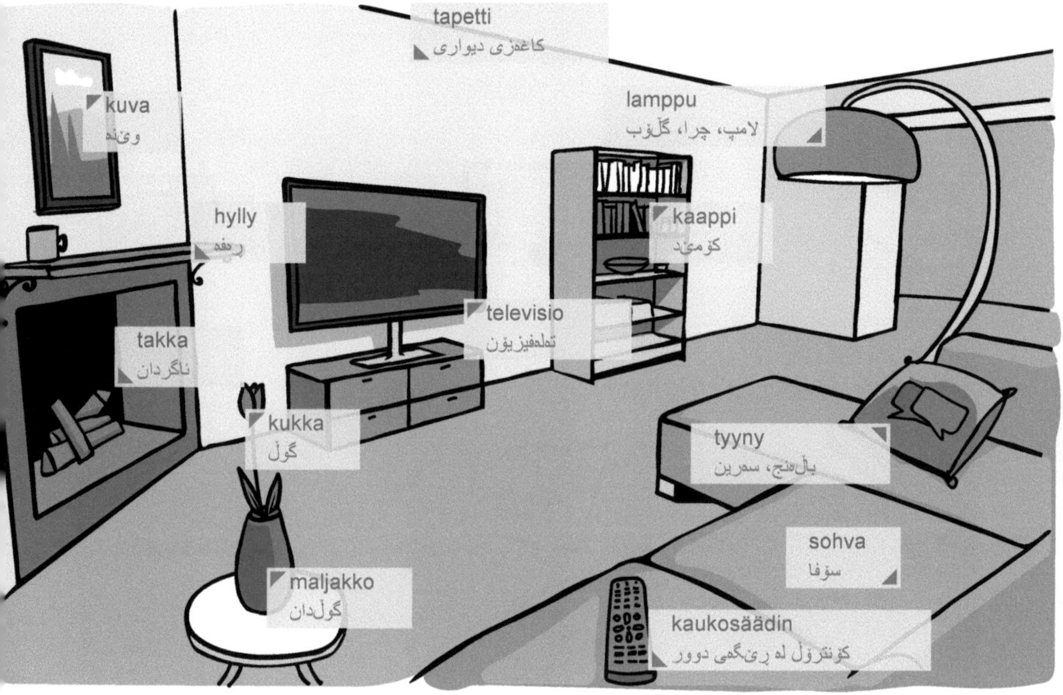

tapetti
کاغەزی دیواری

kuva
وێنە

lamppu
لامپ، چرا، گڵۆپ

hylly
رەفە

kaappi
کۆمۆد

takka
ناگردان

televisio
تەلەڤیزیۆن

kukka
گوڵ

tyyny
یاڵتنج، سەرین

sohva
سۆفا

maljakko
گوڵدان

kaukosäädin
کۆنترۆڵ لە ڕێگەی دوور

matto

فەرش

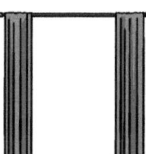

verho

پەردە

pöytä

مێز

tuoli

کورسی

keinutuoli

کورسی ڕاژاندن

nojatuoli

کورسی دەسکدار

kirja

کتێب

peitto

پەتوو، بەتانی

koriste

ڕازاندنەوە

polttopuut

داری سووتاندن

elokuva

فیلم

stereot

ستێریۆ

avain

کلیل

sanomalehti

ڕۆژنامە

maalaus

نیگار، نیگارکێشان

juliste

پۆستەر

radio

ڕادیۆ

muistivihko

تیانووس

pölynimuri

گسکی کارەبایی

kaktus

کاکتووس

kynttilä

مۆم

keittiö

چێشتخانە

jääkaappi
ساردکەر
mikroaaltouuni
مایکرۆوەیڤ
keittiövaaka
leivänpaahdin
نان برژێن
pesuaine
دەرمانی خاوێنکردنەوە
pakastinlokero
بەستێنەر
leivinuuni
زۆپا، گاز
roska-astia
دەفری زبڵ
astianpesukone
ئامێری قاپ شۆردن

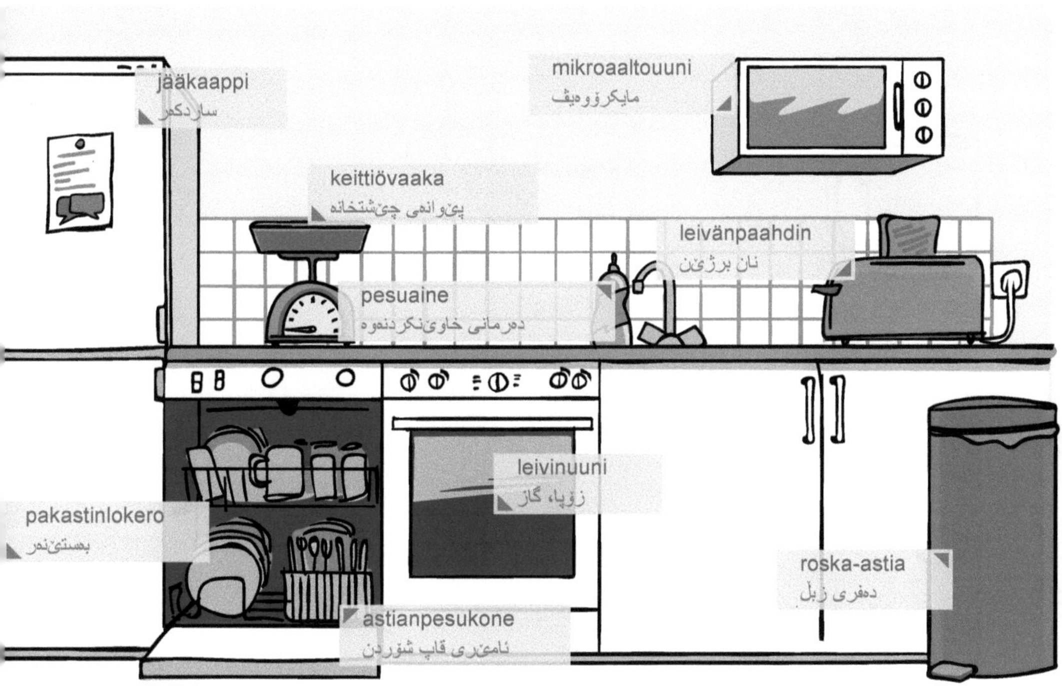

liesi

چێشتلێنەر

kattila

مەنجەڵ

rautapata

قاپی ئوتوو

vokkipannu / kadai-pannu

تاوەی قووڵ

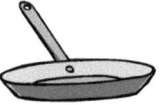

paistinpannu

تاوە

teepannu

کتری، ئاوگەمکەر

höyrykeitin

چێشتلێنەری هەڵمی

uunipelti

کەشەفی نانکردن

astiat

قاپ و قاچاغ

muki

کۆپ

kulho

قاپ

syömäpuikot

چیلکەی نانخواردن

kauha

ئەسکوێ

paistinlasta

کەوگیر

vispilä

گسک

siivilä

سووزمە

siivilä

بێژنگ

raastin

ئامێری جنینی پەنیر و سەوزە

mortteli

دەستار

grilli

برژاندن

avotuli

ئاگر

leikkuulauta

تەختەی وردکردن

kaulin

تیرۆک

korkinavaaja

بورغی فلین

purkki

قوتوو

purkinavaaja

قوتووکەرەوە

pannulappu

دەسرەی مەنجەڵ

lavuaari

دەستشۆر

tiskiharja

فڵچە

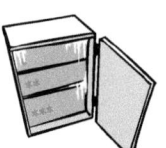

pesusieni

ئیسفەنج

tehosekoitin

تێکەڵکەر

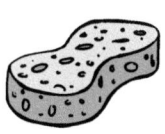

pakastin

قەرەسی

tuttipullo

شووشە شیر

vesihana

شێری ئاو

kylpyhuone

حەمام، ئاودەستخانە

lämmitys
زۆپا/گەرمکەر
suihku
دووشی ئاو، خورژم
pyyhe
خاولی
suihkuverho
پەردەی حەمام
vaahtokylpy
کەفی حەمام
kylpyamme
حەوزی حەمام
lasi
لیوان، پەرداخ
pesukone
ئامێری دەفرشوتن
vesihana
شێری ئاو
kaakelit
کاشی
potta
ئاودەستی منداڵان
lavuaari
دەستشۆر

vessa

ئاودەست، توالێت

kyykkyvessa

توالێتی نزم، ئاودەست

bidee

جۆرێک توالێت

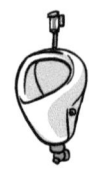

pisuaari

توالێت، ئاودەست

vessapaperi

کاغەزی ئاودەستخانە

vessaharja

فڵچەی ئاودەستخانە

38 kylpyhuone - حەمام، ئاودەستخانە

hammasharja

فڵچەی ددان

hammastahna

خەمیری ددان

hammaslanka

بەنی ددان

pestä

شۆردن، شوتن

käsisuihku

خورژمی دەستی

intiimisuihku

دووش

pesuvati

کاسەی دەستوچاوشوتن

selkäharja

فڵچەی پشت

saippua

سابوون

suihkugeeli

جێڵی خۆشوتن

shampoo

شامپۆ

pesulappu

فلانێل

viemäri

ئاوەڕۆ

voide

کرێم

deodorantti

بۆنخۆشکەرە

peili

ئاوێنە

käsipeili

ئاوێنەی دەستی

partaveitsi

مەکینەی ڕیش تاشین

partavaahto

سابوونی ڕیش تاشین

partavesi

کرێمی دوای ڕیش تاشین

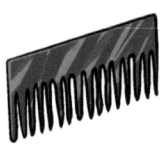

kampa

شانە

harja

فڵچە

hiustenkuivaaja

سێشوار، سەرئیشککەرەوە

hiuslakka

سپرەی قژ

meikki

سووراوسپیاو

huulipuna

سووراو

kynsilakka

ڕەنگی نینۆک

pumpuli

لۆکە

kynsisakset

مەقەستی نینۆک

hajuvesi

عەتر

kosmetiikkalaukku

....

کیسەی حەمام

jakkara

....

کورسی بێ پشت

vaaka

....

پێوەر

kylpytakki

....

خاولی حەمام

kumihansikkaat

....

دەستەوانەی چەرم

tamponi

....

تامپۆن

terveysside

....

خاولی خاوێنکردنەوە

kemiallinen wc

....

ئاودەستی کیمیایی

lastenhuone

ژووری منداڵ

herätyskello
سەعاتی زەنگدار
pehmolelu
گەمەی شیرن
leikkiauto
ماشێنی یاری
helistin
شەقشەقەی منداڵ
nukkekoti
خانووی بووکەشووشە
lahja
دیاری

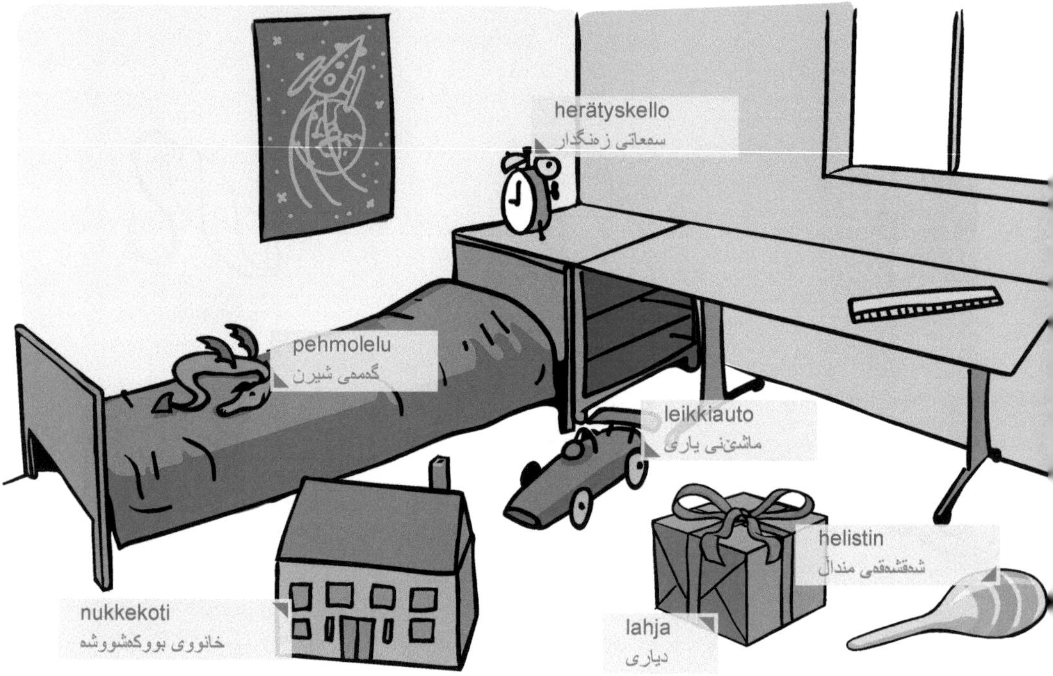

ilmapallo

بالۆن

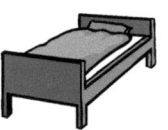

sänky

پێخەف، نوێن

lastenvaunut

داشقەی منداڵ

korttipeli

گەمەی کارت

palapeli

مەتەڵ، مەتەڵۆک

sarjakuva

کۆمێدی

legopalikat

خشتی لێگۆ

rakennuspalikat

خشتی یاری

supersankari

بووکە شووشە

potkupuku

جلی منداڵ

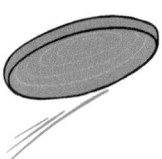

frisbee

یاری فریزبی

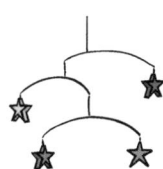

mobile

بزۆک، جووڵێنراو

lautapeli

یاری تەختە

noppa

مۆرە

pienoisjunarata

مۆدێلی شەمەندەفەر

tutti

مەمکە مژە

juhlat

میوانی، جەژن

kuvakirja

کتێبی وێنەدار

pallo

تۆپ

nukke

بووکەشووشە

leikkiä

کایە کردن، یاری کردن

hiekkalaatikko

قۆرتی خیزوخۆڵ

keinu

جۆلانە

lelut

کایەی منداڵان، یاری منداڵان

pelikonsoli

گەمەی ڤیدیۆیی

kolmipyörä

سێچەرخە

nalle

ورچی یاری

vaatekaappi

کەنتۆر

vaatteet

جلوبەرگ

sukat

گۆرەوی

nylonsukat

گۆرەوی درێژ

sukkahousut

گورەوی درێژ

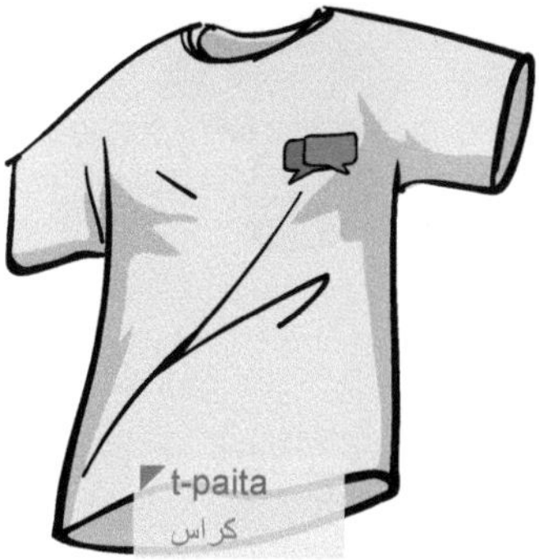

kaulaliina
شـال، مل

sateenvarjo
چـتـر

t-paita
كراس

vyö
قایش، پشتوین

lenkkarit
پێڵاو

saappaat
چەكمە، پۆتین

sisätossut
پێڵاوی مل

sandaalit
....
پاپوچ

kengät
....
كەوش، پێڵاو

kumisaappaat
چەكمەی چەرم

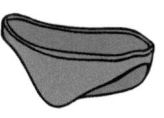
alushousut
....
پانتۆڵی ژێرەوە

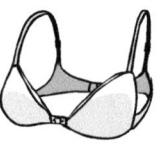
rintaliivit
....
ستیان، سوخمە

aluspaita
....
جلیسقە

body

جەستە، لەش

housut

پانتۆڵ

farkut

پانتۆڵ

hame

دامەن، تەنوورە

pusero

کراس

paita

کراس

villapaita

بلووز

collegepaita

بلووز

jakku

چاکەت

takki

چاکەت

takki

باڵتە

sadetakki

بارانی

puku

پۆشاک

mekko

کراسی ژنانە

hääpuku

جلی زەماوەند

puku

چاکەت و پانتۆڵ

yöpaita

جلی خەو

pyjama

جلی خەو

shari

ساری

päähuivi

لەچکە

turbaani

جەمەدانە، سەرپێچ

burka

بۆرکا

kaftaani

کەفتان

abaya

عەبا

uimapuku

جل و بەرگی مەلەکردن

uimahousut

پانتۆڵی مەلە

shortsit

پانتۆڵی کورت

verkkarit

جلوبەرگی ڕاهێنان

esiliina

بەروانکە، بەرکوشە

käsineet

دەستەوانە

nappi

دوگمه

silmälasit

چاویلکه

rannekoru

بازنه

kaulakoru

ملوانکه

sormus

ئەنگوستیله

korvakoru

گواره

lippalakki

کڵاو

ripustin

داری جل هەڵواسین

hattu

کڵاو

solmio

بۆینباخ

vetoketju

زیپ

kypärä

کڵاوی پارێزەر

henkselit

هەڵگر

koulupuku

جلی قوتابخانه

univormu

یەکپۆش

ruokalappu

بەرلیکە، بەرکۆشی منداڵ

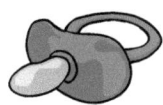

tutti

مەمکە مژە

vaippa

داییی، پەڕۆشۆر

toimisto

نووسینگە، فەرمانگە

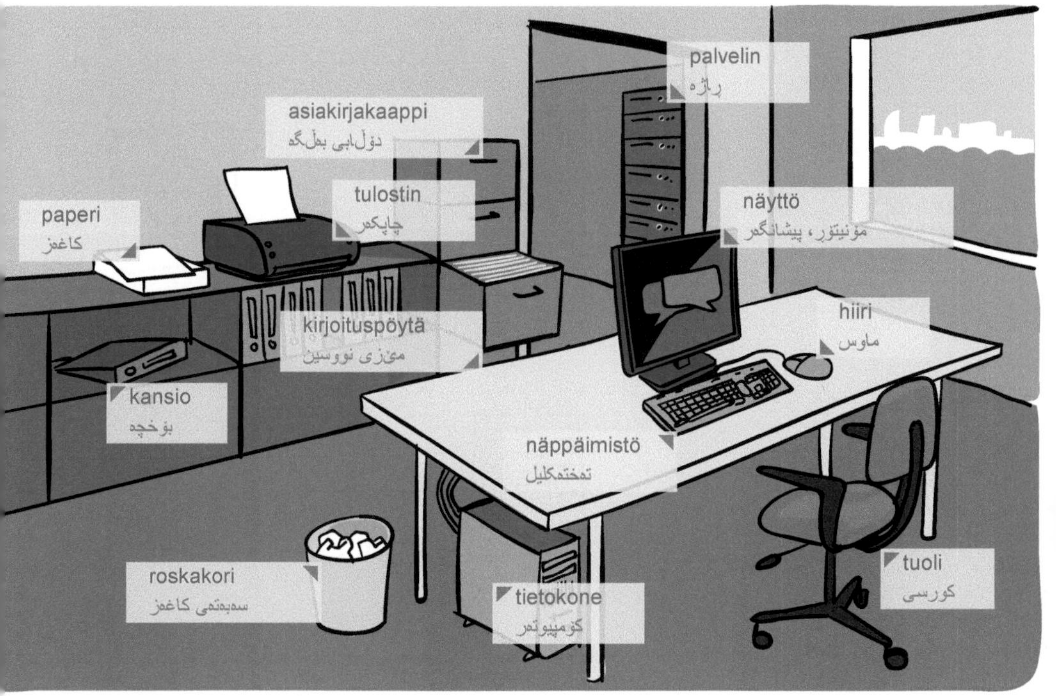

palvelin
asiakirjakaappi
دۆلابی بەڵگە
paperi
کاغەز
tulostin
چاپکەر
näyttö
مۆنیتۆر، پیشانگەر
kirjoituspöytä
مێزی نووسین
hiiri
ماوس
kansio
بۆخچە
näppäimistö
تەختەکلیل
roskakori
سەبەتەی کاغەز
tietokone
کۆمپیوتەر
tuoli
کورسی

kahvimuki

کۆپی قاوە

taskulaskin

ژمێرەر

internet

ئینتەرنێت

kannettava tietokone

لەپتۆپ

kirje

نامە

viesti

پەیام

kännykkä

موبایل، تەلەفۆنی دەست

verkko

تۆڕ

kopiokone

ئامێری لەبەرگرتنەوە، کۆپیکەر

ohjelmisto

نەرمەکالا

puhelin

تەلەفۆن

pistorasia

ساکێتی دووشاخە

faksi

ئامێری فەکس

lomake

فۆڕم

asiakirja

بەڵگە

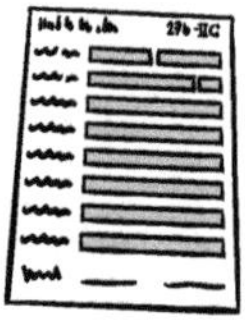

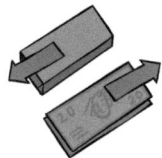

ostaa

كڕين

maksaa

پارەدان

vaihtaa

بازرگانى، ئاڵوگۆڕكردن

raha

پارە، دراو

 **USD**

dollari

دۆلار

 **EUR**

euro

يۆرۆ

 **JPY**

jeni

يەن

 **RUB**

rupla

ڕووبڵى ڕووسى

 **CHF**

frangi

فرانكى سويسى

 **CNY**

renminbi juan

يوان، يەكەى دراوى چينى

 **INR**

rupia

ڕووپييە

pankkiautomaatti

مەكينەى پارە

rahanvaihto

نووسینگەی گۆڕینەوەی دراو

kulta

زێڕ

hopea

زیو

öljy

نەوت

energia

وزە

hinta

بەها، نرخ

sopimus

ڕێکەوتننامە

vero

باج

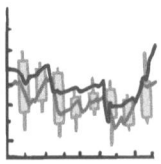

osake

سەهام

työskennellä

کارکردن

työntekijä

کارمەند، کارکەر

työnantaja

خاوەنکار

tehdas

کارخانە

liike

دووکان

ammatit

ئیشەکان

poliisi
فەرمانبەری پولیس
palomies
ئاگرکووژێنەر
kokki
چێشتلێنەر
lääkäri
دکتۆر
lentäjä
فڕۆکەوان

puutarhuri

باخەوان

puuseppä

دارتاش، مەرەنگوێز

ompelija

خەییات

tuomari

دادوەر

kemisti

کیمیازان

näyttelijä

شانۆگەر، شانۆکار

linja-autonkuljettaja

شۆفیری پاس

taksinkuljettaja

شۆفیر تاکسی

kalastaja

ماسیگر

siivooja

کڵفەت

katontekijä

وەستای سەربان

tarjoilija

خزمەتکار

metsästäjä

ڕاوچی

maalari

بۆیاخچی

leipuri

نانکەر

sähköasentaja

کارەباچی

rakentaja

بەننا

insinööri

ئەندازیار

teurastaja

قەساب

putkiasentaja

وەستای بۆری

postinjakaja

پۆستەچی

sotilas

سەرباز

arkkitehti

نەخشەکێش

kassanhoitaja

ژمێریار، خەزەندار

floristi

گوڵفرۆش

kampaaja

ئارایشگەر

konduktööri

گەیێنەر

mekaanikko

میکانیک

kapteeni

کەشتیوان

hammaslääkäri

ددانساز، دوکتوری ددان

tiedemies

زانا

rabbi

مەڵای جوولەکان

imaami

ئیمام

munkki

کەسی ئایینی

pappi

قەشە

työkalut
ئامراز و کەرەستە

vasara
pihdit
پلایز
ruuvimeisseli
پێچبادەر
jakoavain
جەرەبادەر
taskulamppu

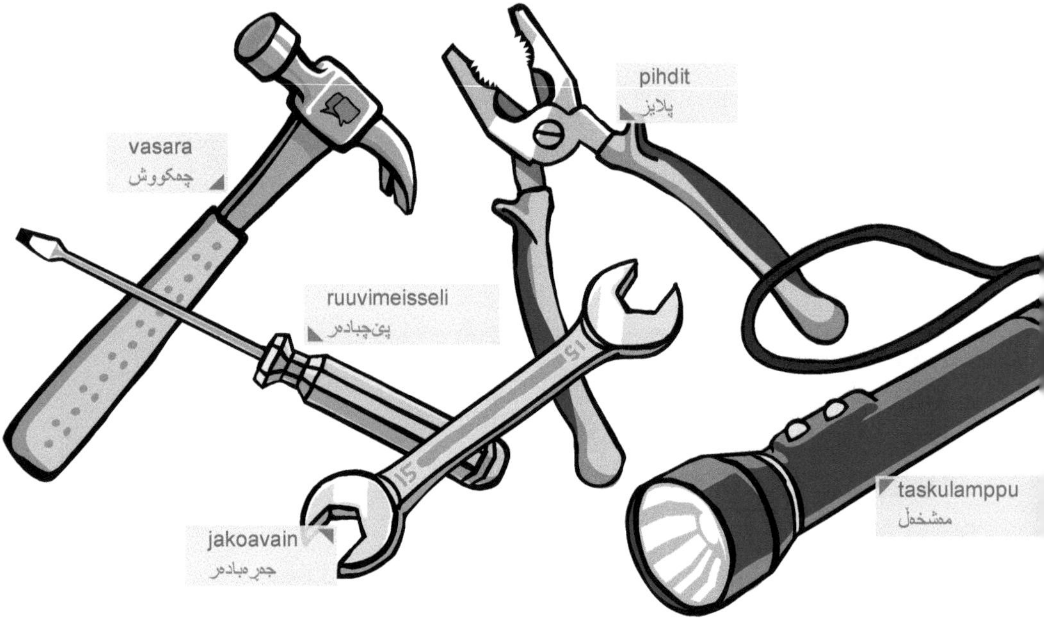

kaivinkone
....
شۆفڵ

työkalupakki
....
سندووقی ئامراز

tikkaat
....
پەیژە

saha
....
مشار

naulat
....
بزمارەکان

pora
....
کونکەرە

korjata

چاکگردنەوە

lapio

پێمەڕە

Hitto!

نەفرەت!

rikkalapio

خاکەناز

maalipurkki

قتووی بۆیاخ

ruuvit

پێچەکان، جەڕەکان

soittimet

ئامێرەکانی مووزیک

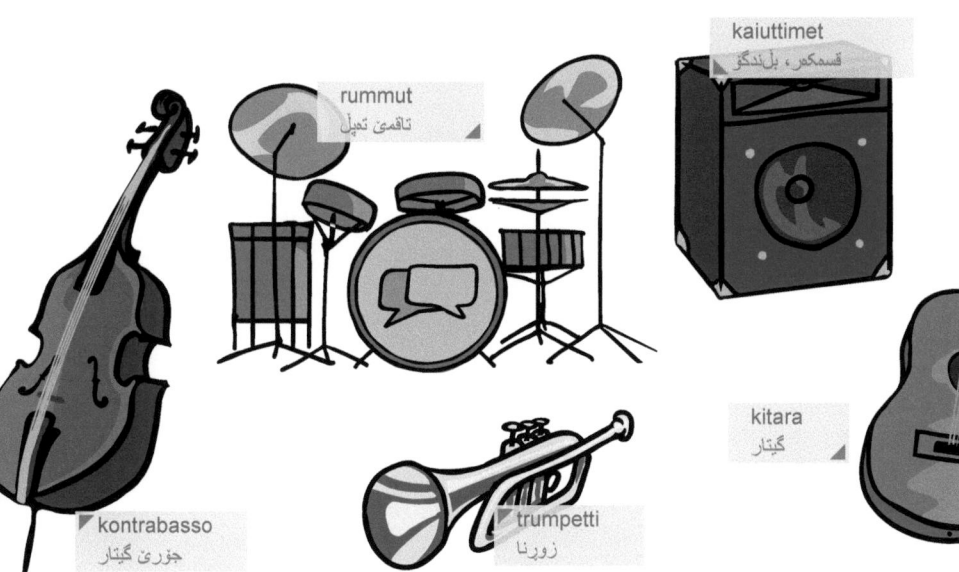

kaiuttimet
قسەکەر، بڵندگۆ
rummut
kitara
گیتار
kontrabasso
جۆرێ گیتار
trumpetti

piano

پیانۆ

viulu

کەمانچە

basso

گیتار

patarummut

دەهۆڵ

rumpu

تەپڵ

kosketinsoitin

تەختەکلیل

saksofoni

ساکسافۆن

huilu

فلووت، شمشاڵ

mikrofoni

مایکرۆفۆن

eläintarha

باخچەی ئاژەڵان

tiikeri
sisäänkäynti
häkki
قەفەز
seepra
کەرەکێوی
eläinten ruoka
panda
ورچی پاندا

eläimet
....
ئاژەڵەکان

norsu
....
فیل

kenguru
....
کانگۆرۆ

sarvikuono
....
کەرکەدەن

gorilla
....
گۆریلا

karhu
....
ورچ

kameli

وشتر

strutsi

وشترمریشک

leijona

شێر

apina

مەیموون

flamingo

فڵامینگۆ

papukaija

تووتی

jääkarhu

ورچی جەمسەری

pingviini

پێنگوین

hai

قرش، سەگەماسی

riikinkukko

تاووس

käärme

مار

krokotiili

تیمساح

eläintarhanhoitaja

پارێزەری باخچەی ئاژەڵان

hylje

سەگی دەریایی

jaguaari

پڵینگ

poni

ئەسپی قەزەم

leopardi

پشیلەی پڵینگی

virtahepo

ئەسپی ئاوی

kirahvi

زەرافە

kotka

هەڵۆ

villisika

بەرازی کێوی

kala

ماسی

kilpikonna

کیسەڵ

mursu

واڵڕاس، ئاژەڵێکی دەریایی

kettu

ڕێوی

gaselli

ئاسک

urheilu

وەرزش

تۆپی پێی ئەمریکی
pyöräily
دووچەرخەلێخوڕین
tennis
تێنیس
koripallo
تۆپی باسکە
uinti
مەلەکردن
nyrkkeily
بۆکسێن
jääkiekko
هۆکی سەر سەهۆڵ

jalkapallo
فووتبۆڵ

sulkapallo
بەدمینتۆن

yleisurheilu
وەرزشوان

käsipallo
هەندباڵ

hiihto
خلیسکێن

poolo
پۆلۆ

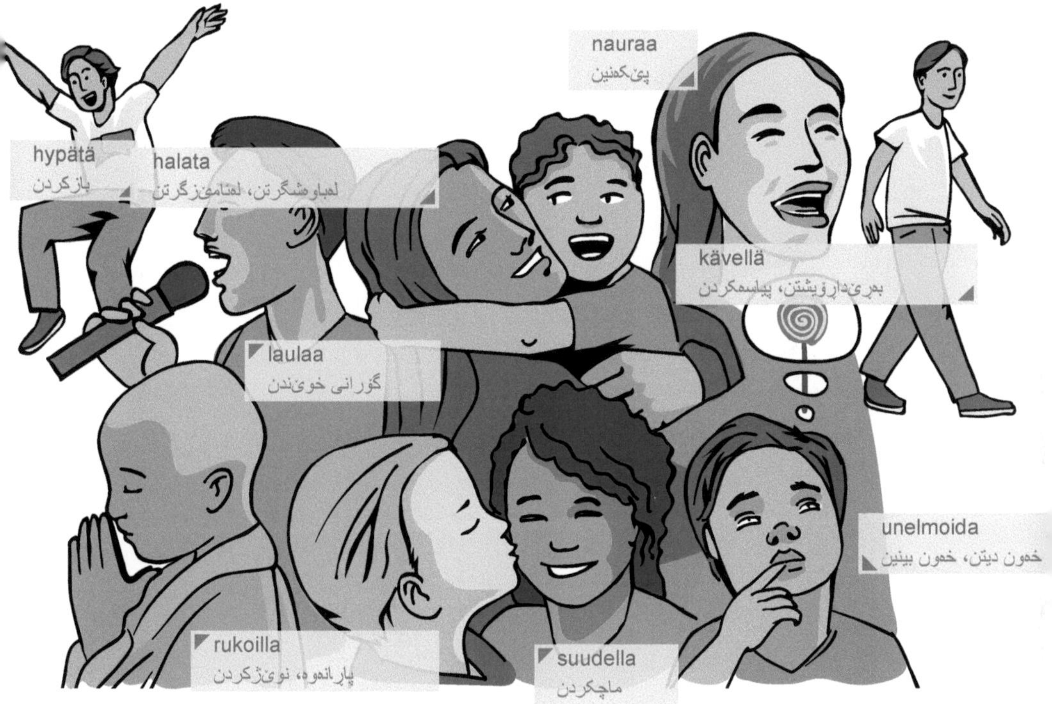

nauraa
پێکەنین
hypätä
بازکردن
halata
لەباوەشگرتن، لەئامێزگرتن
kävellä
بەڕێدارۆیشتن، پیاسەکردن
laulaa
گۆرانی خوێندن
unelmoida
خەون دیتن، خەون بینین
rukoilla
پاڕانەوە، نوێژکردن
suudella
ماچکردن

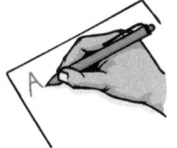

kirjoittaa

نووسین

piirtää

وێنەکێشان

näyttää

نیشاندان

painaa

پاڵ پێوەنان

antaa

دان

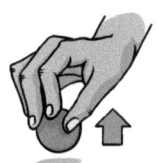

ottaa

هەڵگرتن

omistaa

هەبوون

tehdä

کردن

olla

بوون

seisoa

ڕاوەستان

juosta

هەڵاتن

vetää

کێشان

heittää

هاویشتن

kaatua

کەوتن

maata

درۆکردن

odottaa

چاوەڕێبوون

kantaa

هەڵگرتن

istua

دانیشتن

pukeutua

جل لەبەرکردن

nukkua

خەوتن

herätä

لەخەو هەستان

katsoa
....
چاولێکردن

itkeä
....
گریان

silittää
....
جەڵتەلێدان

kammata
....
قژداهێنان، شانەکردن

puhua
....
قسەکردن

ymmärtää
....
تێگەیشتن

kysyä
....
پرسیارکردن، پرسین

kuunnella
....
گوێڕاگرتن

juoda
....
خواردنەوە

syödä
....
خواردن

siivota
....
ڕێکوپێک کردن

rakastaa
....
خۆشویستن

keittää
....
چێش لێنان

ajaa
....
شۆفێریکردن

lentää
....
فڕین

purjehtia

....

کەشتیوانی

laskea

....

حسابکردن، ژماردن

lukea

....

خوێندنەوە

oppia

....

فێربوون

työskennellä

....

کارکردن

mennä naimisiin

....

زەماوەندکردن

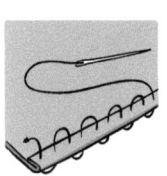

ommella

....

دورین، دورومانکردن

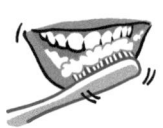

pestä hampaat

....

فڵچە لەددان دان

tappaa

....

کوشتن

tupakoida

....

جگەرەکێشان

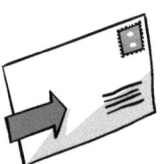

lähettää

....

ناردن

perhe
بنەماڵە

mummo
ukki
isä
باوک، باب
äiti
دایک
vauva
منداڵی ساوا
tytär
کچ
poika

vieras

میوان

täti

پوور

setä

مام، خاڵ

veli

برا

sisko

خوشک

vartalo

جەستە، لەش

otsa
ناوچاوان، تویَڵ
silmä
چاو
olkapää
شان
sormet
قامک
kasvot
دەموچاو، ڕوومەت
leuka
چەنە
käsi
دەست
jalka
لاق
rinta
سنگ
käsivarsi
باسک، قۆڵ

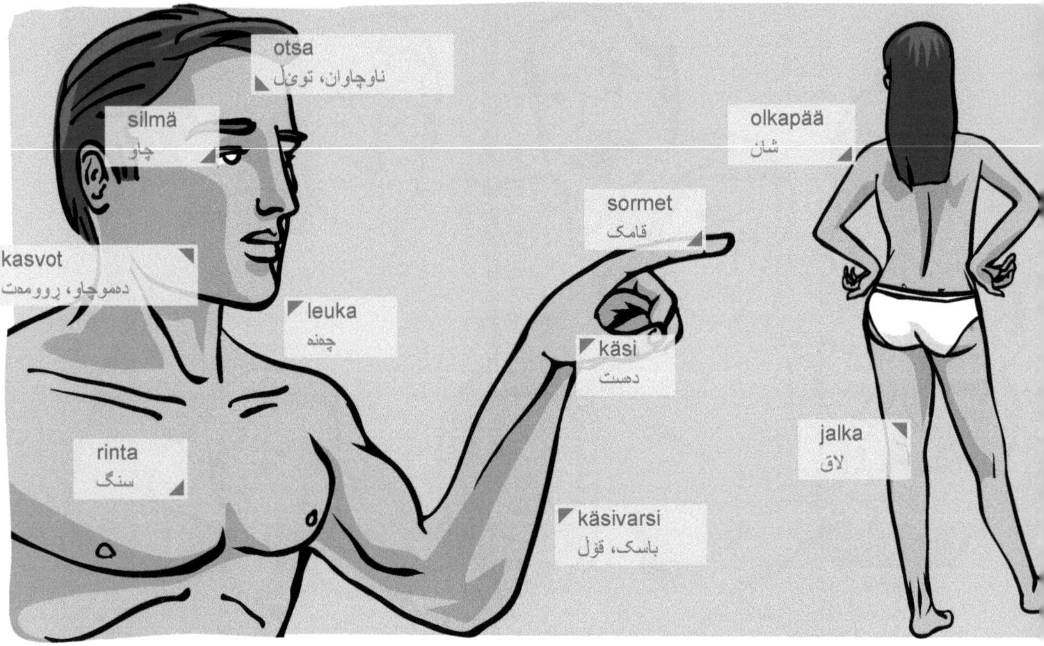

vauva

منداڵی ساوا

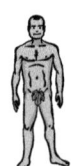

mies

پیاو

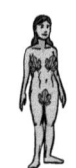

nainen

ژن

tyttö

کچ

poika

کوڕ

pää

سەر

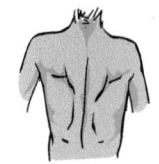

selkä

پشت

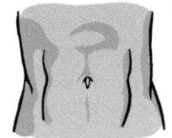

maha

زگ

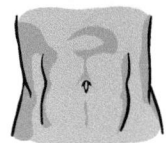

napa

ناوک

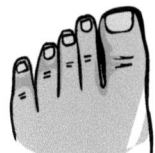

varvas

قامکی پێ

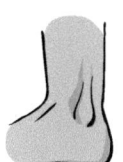

kantapää

پاژنەی پێ

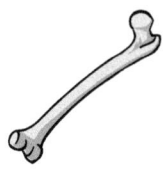

luu

ئێسقان، ئێسک

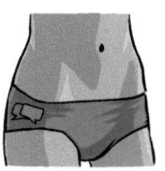

lantio

سمت

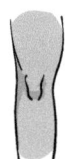

polvi

ئەژنۆ

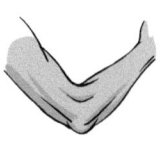

kyynärpää

ئانیشک

nenä

لووت

takapuoli

قوون

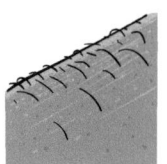

iho

پێست

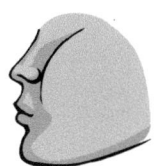

poski

گوپ

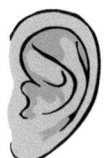

korva

گوێ

huuli

لێو

suu
دەم، زار

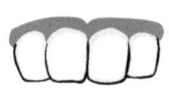

hammas
ددان

kieli
زمان

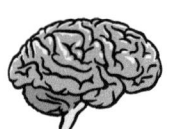

aivot
مێشک

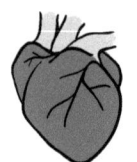

sydän
دڵ

lihas
ماسوولکە

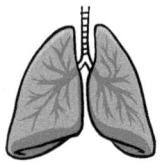

keuhkot
سیپەلاک، سی

maksa
جەرگ

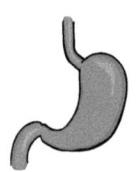

vatsa
گەدە

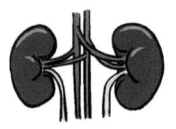

munuaiset
گورچیلە

seksi
سێکس

kondomi
کۆندۆم

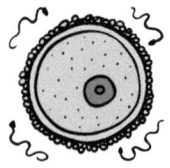

munasolu
توو، گەرا

sperma
توو

raskaus
دووگیانی

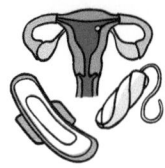

kuukautiset

کەوتنە سەر خوێن

vagina

زێ

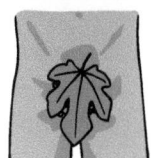

penis

کێر

kulmakarvat

برۆ

hiukset

قژ

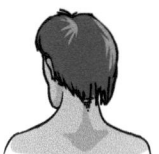

niska

مل

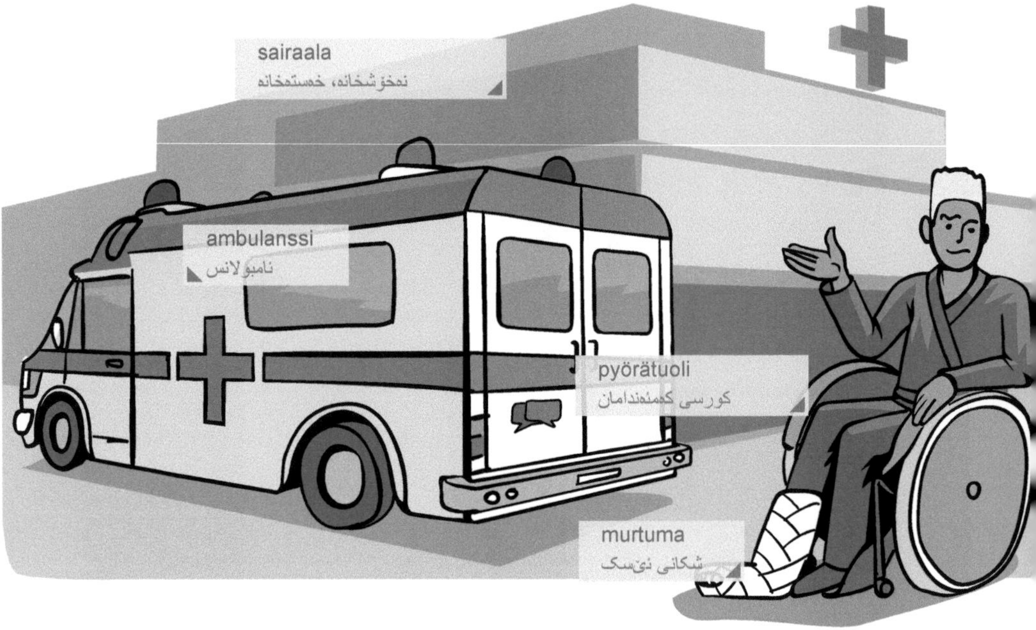

sairaala

نەخۆشخانە، خەستەخانە

sairaala
نەخۆشخانە، خەستەخانە
ambulanssi
ئامبولانس
pyörätuoli
کورسی کەمئەندامان
murtuma
شکانی ئێسک

lääkäri

دکتۆر

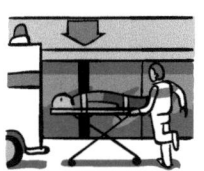

ensiapu

ژووری فریاکەوتن

sairaanhoitaja

نەخۆشوان

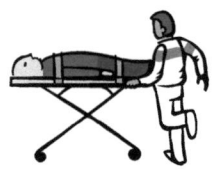

hätätilanne

ئورژانس، بەشی فریاکەوتن

tajuton

بێهۆش

kipu

ژان، ئێش

72 sairaala - نەخۆشخانە، خەستەخانە

vamma

بریندارى

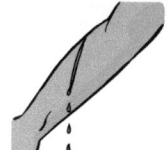

verenvuoto

خوێنڕێژى

sydänkohtaus

جەڵتەى دڵ

aivoinfarkti

جەڵتە

allergia

ئالێرژى، هەستیارى

yskä

کۆخە

kuume

تا

flunssa

ئەنفلۆنزا

ripuli

زگچوون

päänsärky

سەرێشە، ژانەسەر

syöpä

سەرەتان

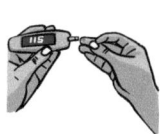

diabetes

شەکرە

kirurgi

نەشتەرگەر

veitsi

نەشتەر، چەقۆى توێکارى

leikkaus

نەشتەرگەرى

ct

CT

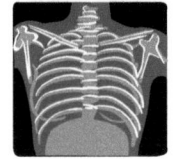

röntgen

تیشکی ئێکس

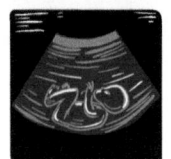

ultraääni

ئوڵتراساوند

maski

ماسکی ڕوومەت

sairaus

نەخۆشی

odotushuone

ژووری چاوەڕێبوون

sauva

گۆچان

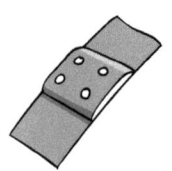

laastari

مشەما

side

برین پێچ

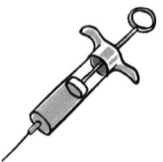

pistos

دەرزی لێدان

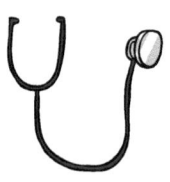

stetoskooppi

بیستۆکی پزیشک

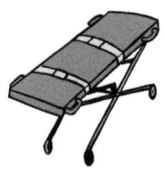

paarit

داربەست

kuumemittari

گەرماپێوی کلینیکی

syntymä

لەدایکبوون

ylipaino

زیادەکێش/قەڵەویی

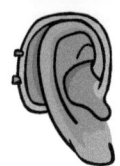

kuulolaite

بیستۆک

desinfiointiaine

میکرۆبکوژ

infektio

چڵک

virus

ویروس

HIV / AIDS

ئەیدز

lääke

دەرمان

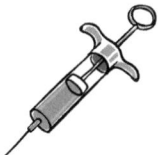

rokotus

کوتان

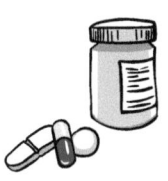

tabletit

حەب

pilleri

حەب

hätäpuhelu

تەلەفۆنی فریاکەوتن

verenpainemittari

پێشانگەری پەستانی خوێن

sairas / terve

نەخۆش / سڵامەت

hätätilanne

ئورژانس، بەشی فریاکەوتن

Apua!

یارمەتی!

hälytys

ئاگادارکردنەوە، ئەلارم

ryöstö

دەستدرێژی

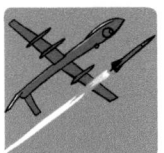

hyökkäys

هێرشکردن

vaara

مەترسی

hätäuloskäynti

چوونەدەرەوەی ئورژانس

Tulipalo!

ئاگر!

palosammutin

ئاگرکوژێنەوە

onnettomuus

ڕووداو، پێشهات

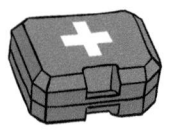

ensiapulaukku

قوتووی یارمەتی فریاکەوتن

SOS

SOS

poliisilaitos

پولیس

Eurooppa

....

ئەورۆپا

Pohjois-Amerikka

....

ئەمریکای باکوور

Etelä-Amerikka

....

ئەمریکاری باشوور

Afrikka

....

ئافریقا

Aasia

....

ئاسیا

Australia

....

ئوسترالیا

Atlantin valtameri

....

ئەتڵەسی، ئۆقیانووسی ئەتڵەسی

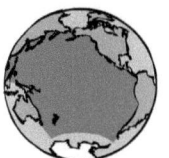

Tyynimeri

....

زەریای هێمن

Intian valtameri

....

ئۆقیانووسی هیندی

Eteläinen jäämeri

....

ئۆقیانووسی جەمسەری باشوور

Pohjoinen jäämeri

....

ئۆقیانووسی جەمسەری باکوور

pohjoisnapa

....

جەمسەری باکوور

etelänapa

جەمسەری باشوور

Antarktis

ناوچەی جەمسەری باشوور

maa

ئەرز، زەوی

maa

خاک، وشکانی

meri

دەریا، زەریا

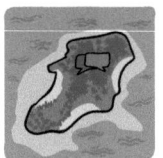

saari

دوورگە

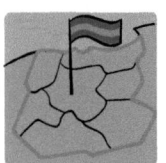

kansa

گەل، نەتەوە

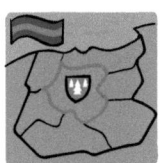

osavaltio

وڵات، پارێزگا، دەوڵەت

kello
کاتژمێر

kellotaulu

روخساری کاتژمێر

tuntiviisari

نیشاندەری کاتژمێر

minuuttiviisari

نیشاندەری خولەک

sekuntiviisari

دەستی دوو

Paljonko kello on?

کاتژمێر چەندە؟، سەعات چەندە؟

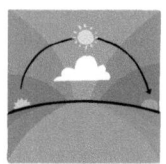

päivä

ڕۆژ

aika

کات، زەمان

nyt

ئێستا، هەنووکە

digitaalikello

کاتژمێری دیجیتاڵی

minuutti

خولەک

tunti

کاتژمێر

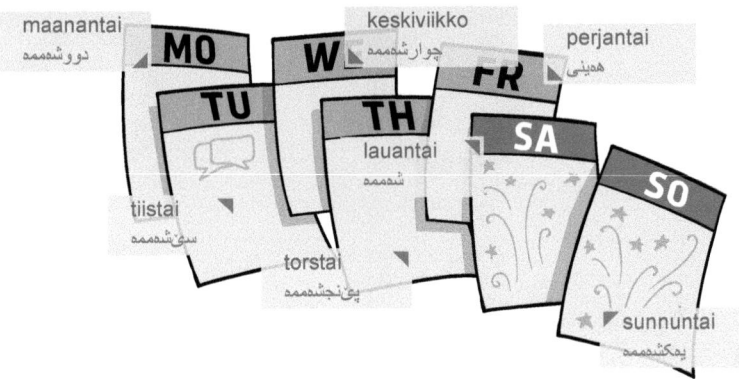

viikko

هەفتە

maanantai
دووشەممە
keskiviikko
چوارشەممە
perjantai
هەینی
lauantai
شەممە
tiistai
سێشەممە
torstai
پێنجشەممە
sunnuntai
یەکشەممە

eilen

....

دوێنێ

tänään

....

ئەمڕۆ، ئەوڕۆ

huomenna

....

سبەینێ

aamu

....

بەیانی

keskipäivä

....

نیوەڕۆ

ilta

....

ئێوارە

työpäivät

....

ڕۆژی کار

viikonloppu

....

کۆتایی هەفتە

vuosi

ساڵ

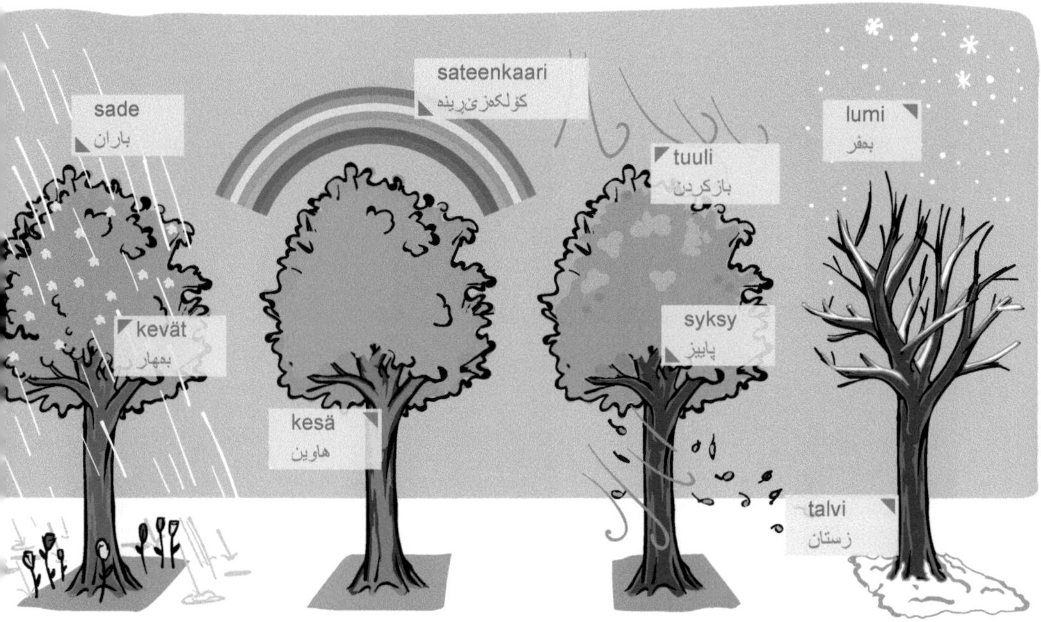

sade
باران
sateenkaari
کۆلکەزێرینە
tuuli
بازکردن
lumi
بەفر
kevät
بەهار
kesä
هاوین
syksy
پاییز
talvi
زستان

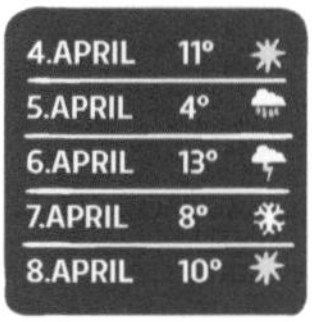

4.APRIL 11°
5.APRIL 4°
6.APRIL 13°
7.APRIL 8°
8.APRIL 10°

säänennuste

پێشبینی هەوا

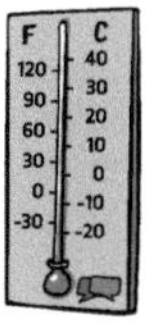

F C
120 40
90 30
60 20
30 10
0 0
-30 -10
-20

lämpömittari

گەرماپێو

auringonpaiste

خۆرەتاو

pilvi

هەور

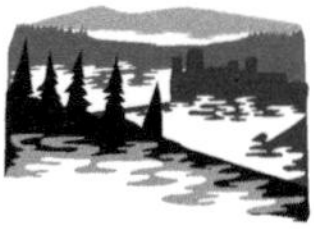

sumu

تەمومژ

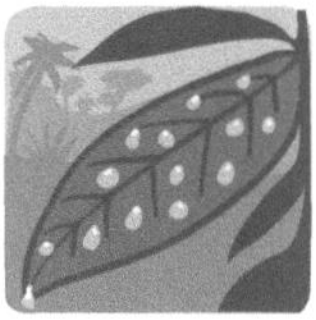

ilmankosteus

تەڕایی

salama

هەورەتریشقە، بروسکە

ukkonen

هەورەگرمە

myrsky

باوبۆران، تۆفان

rae

تەرزە

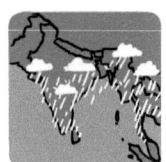

monsuuni

مانسوون

tulva

لافاو

jää

سەهۆڵ

tammikuu

جانیوەری

helmikuu

فێبریوەری

maaliskuu

مارچ

huhtikuu

ئەیپریل

toukokuu

مەی

kesäkuu

جوون

heinäkuu

جوولای

elokuu

ئۆگوست

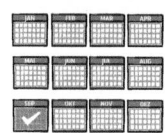

syyskuu

سێپتەمبەر

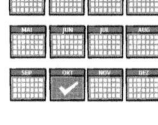

lokakuu

ئۆکتۆبەر

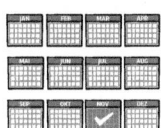

marraskuu

نۆڤەمبەر

joulukuu

دیسەمبەر

muodot

شێوەکان

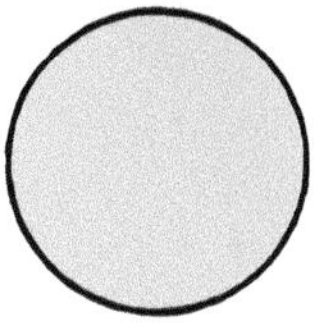

ympyrä

بازنە

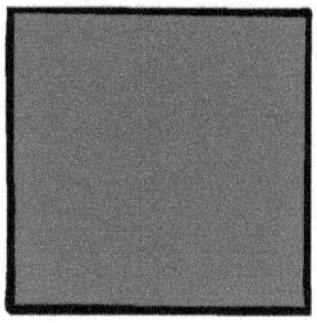

neliö

چوارگۆشە

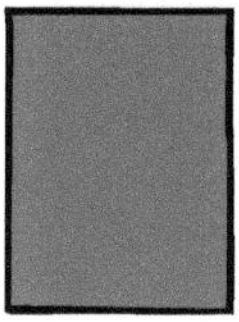

suorakulmio

چوارگۆشەی درێژ

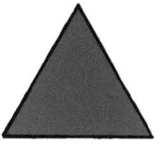

kolmio

سێگۆشە

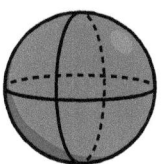

pallo

تۆپ، گۆ

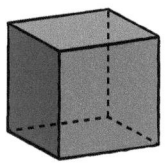

kuutio

خشتەک

värit

ڕەنگەکان

valkoinen

سپی

keltainen

زەرد

oranssi

پرتەقاڵیی

vaaleanpunainen

پەمەیی

punainen

سوور

violetti

بنەوش

sininen

شین

vihreä

سەوز

ruskea

قاوەیی

harmaa

بۆر

musta

ڕەش

paljon / vähän

زۆر / کەم

vihainen / ystävällinen

تووڕە / لەسەرەخۆ

kaunis / ruma

جوان / ناحەز

alku / loppu

سەرەتا / کۆتایی

suuri / pieni

گەورە / چکۆلە

vaalea / tumma

ڕووناک / تاریک

veli / sisko

برا / خوشک

puhdas / likainen

خاوێن / چڵکن

täydellinen / epätäydellinen

تەواو / ناتەواو

päivä / yö

ڕۆژ / شەو

kuollut / elävä

مردوو / زیندوو

leveä / kapea

پان / تەنگ

syötävä / syömäkelvoton

خۆش / ناخۆش

paha / kiltti

نەگریس / بەبەزەیی

innostunut / tylsistynyt

وروژاو / بێزار

lihava / laiha

قەڵەو / لاواز

ensimmäinen / viimeinen

یەکەم / ئاخر

ystävä / vihollinen

دۆست / دوژمن

täysi / tyhjä

پڕ / خاڵی

kova / pehmeä

ڕەق / نەرم

painava / kevyt

قورس / سووک

nälkä / jano

برسی / توونی

sairas / terve

نەخۆش / سڵامەت

laiton / laillinen

نایاسایی / یاسایی

älykäs / tyhmä

زیرەک / گەمژە

vasen / oikea

چەپ / ڕاست

lähellä / kaukana

نزیک / دوور

uusi / käytetty

نوێ / کۆن، بەکارهاتوو

ei mitään / jotain

هیچ شتێک / شتێک

vanha / nuori

پیر / لاو

päällä / pois päältä

هەڵکراو / کوژاوە

auki / kiinni

کراوە / داخراو

hiljainen / äänekäs

بێدەنگ / دەنگی بەرز

rikas / köyhä

دەوڵەمەند / هەژار

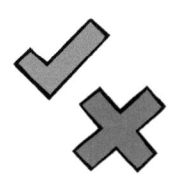

oikein / väärin

ڕاست / هەڵە

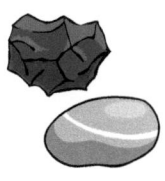

karhea / sileä

زبر / ساف

surullinen / iloinen

خەمین / خۆشحاڵ

lyhyt / pitkä

کورت/ درێژ

hidas / nopea

هێواش / خێرا

märkä / kuiva

تەڕ / وشک

lämmin / viileä

گەرم / فێنک

sota / rauha

شەڕ / ئاشتی

numerot
ژمارەکان

0

nolla

سیفر

1

yksi

یەک

2

kaksi

دوو

3

kolme

سێ

4

neljä

چوار

5

viisi

پێنج

6

kuusi

شەش

7

seitsemän

حەوت

8

kahdeksan

هەشت

9

yhdeksän

نۆ

10

kymmenen

دە

11

yksitoista

یازدە

12

kaksitoista

دوازده

13

kolmetoista

سێزده

14

neljätoista

چوارده

15

viisitoista

پازده، پانزه

16

kuusitoista

شازده

17

seitsemäntoista

حەفده

18

kahdeksantoista

هەژده

19

yhdeksäntoista

نۆزده

20

kaksikymmentä

بیست

100

sata

سەد

1.000

tuhat

هەزار

1.000.000

miljoona

میلیۆن

kielet

زمانەکان

englanti

ئینگلیزی

amerikanenglanti

ئینگلیزی ئەمەریکی

mandariinikiina

چینی ماندارین

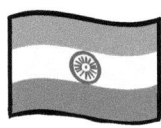

hindi

هیٚندی

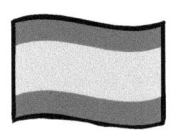

espanja

ئیسپانی

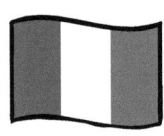

ranska

فەرەنسی

arabia

عەرەبی

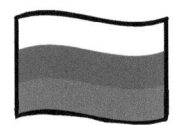

venäjä

ڕووسی

portugali

پۆرتوگالی

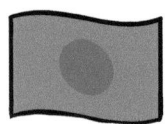

bengali

بەنگالی

saksa

ئاڵمانی

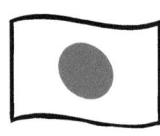

japani

ژاپۆنی

kuka / mitä / miten

کێ / چی / چۆن

minä

من

sinä

تۆ

hän

ئەو

me

ئێمە

te

ئێوە

he

ئەوان

kuka?

کێ؟

mitä / mikä?

چی؟

miten?

چۆن؟

missä?

لەکوێ؟

milloin?

کەنگێ؟ کەی؟

nimi

ناو

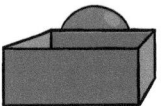

missä

شوێن

takana

لەپشت

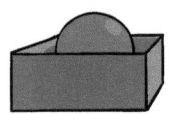

sisällä

لە

edessä

لەپێش

yläpuolella

سەری

päällä

لەسەر

alapuolella

ژێر

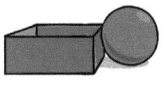

vieressä

لە تەنیشت

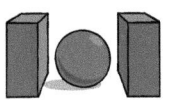

välissä

لەنێوان

paikka

شوێن، جێ